Made in the USA
Middletown, DE
14 April 2022

64286424R00066